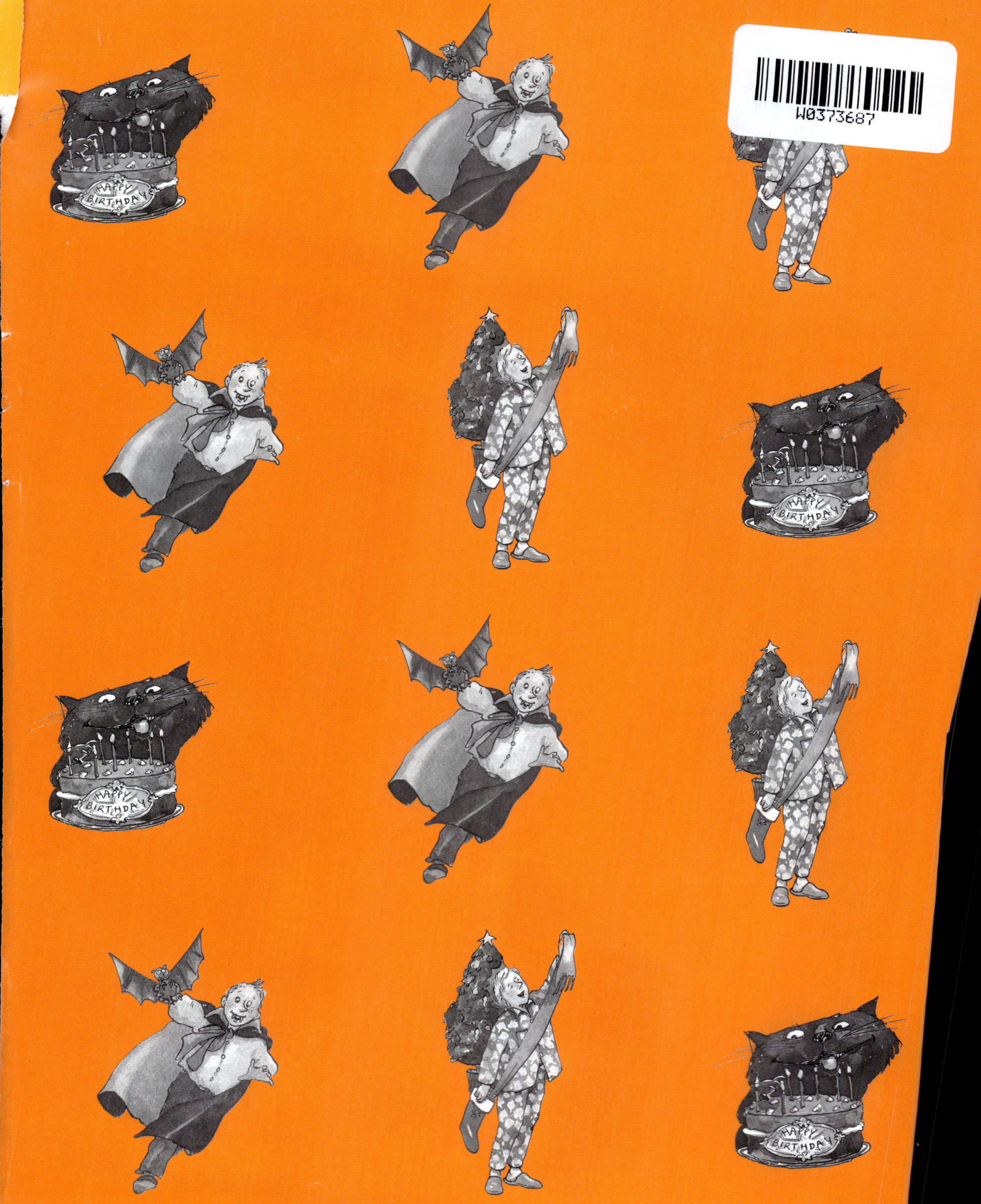
HAPPY BIRTHDAY
HAPPY BIRTHDAY
HAPPY BIRTHDAY
HAPPY BIRTHDAY

Langenscheidt

Feste feiern – Englisch lernen

Von Halloween bis Birthday Party

Von Karen Richardson (Text)
und Celia Canning (Zeichnungen)

Langenscheidt

Berlin · München · Wien · Zürich · New York

Umwelthinweis: Gedruckt auf chlorfrei gebleichtem Papier
Titelgestaltung: Independent Medien-Design unter Verwendung von Zeichnungen von Celia Canning
Layout: Kathrin Mosandl

Satz und Repro: Franzis print & media GmbH, München
Druck: J. P. Himmer, Augsburg
Printed in Germany
ISBN 3-468-20401-9
www.langenscheidt.de

1. 2. 3. 4. 5. 07 06 05 04 03

Liebe Eltern, Großeltern, Lehrerinnen und Lehrer, ...

Fremdsprachenlernen gewinnt in Zukunft immer mehr an Bedeutung und es gilt inzwischen als erwiesen: je früher man damit anfängt, desto leichter geht es. Deshalb wird Englisch jetzt auch bereits in der Grundschule eingeführt.
Ein beliebtes Thema, das gern im Grundschulunterricht behandelt wird, sind Feste und Feiern in anderen Ländern und Kulturen. Dies dient dazu, Vorurteilen der Kinder entgegenzuwirken und Aufgeschlossenheit zu wecken. Zudem lädt es zu Vergleichen mit eigenen Traditionen ein, wodurch das interkulturelle Lernen gefördert wird.
All dies bietet „Feste feiern – Englisch lernen“: Gemeinsam mit Lena, die mit ihren Eltern vorübergehend nach England gezogen ist, lernen die Kinder im Buch und auf der CD viele interessante englische Feste kennen, von denen Lena vorher noch nie gehört hatte. Wer kennt denn z. B. schon den „Pancake Day“, an dem ein Pfannkuchenrennen veranstaltet wird, oder gar die „Bonfire Night“, in der man eine Puppe aus Papier und alten Kleidern auf einem Freudenfeuer verbrennt?
Alle 8 Feste, die man mit Lena und dem englischen Nachbarjungen Dennis miterleben kann, werden auf einer Doppelseite lebendig und bis ins kleinste Detail illustriert, so dass es schon beim Anschauen viel zu entdecken gibt. Erste englische Wörter und Ausdrücke dazu lernen die Kinder aus Lenas Briefen an ihre Oma zu Hause, die am rechten Bildrand abgedruckt sind.
Auf jedes Fest im Buch folgt eine so genannte „activity page“ mit Liedern, Reimen, Bastelanleitungen, Rezepten und Spielen zum Ausprobieren und Nachmachen, mit der sich die Kinder allein oder mit Hilfe der Eltern oder Lehrer beschäftigen können. Diese Texte sind auf Englisch, die deutsche Übersetzung befindet sich aber weiter hinten im Buch.
Auf der begleitenden Audio-CD können die Kinder schließlich die Feste „live“ in Form von Hörspielszenen miterleben. Mit Lenas und vor allem Dennis' Hilfe lernen sie viele Wörter und Sätze auf Englisch und hören auch gleich die richtige Aussprache. Besonders wissbegierige Kinder und Eltern können diese Texte im Register nachschlagen und mitlesen.

Wenn sich Ihr Kind den Text von einem bestimmten Fest noch einmal anhören möchte, kann es hinten im Verzeichnis nachsehen, unter welchem CD-Track es zu finden ist.

Und nun viel Spaß mit Lena, Dennis und dem geheimnisvollen Kater Hamlet!

Autorin und Verlag

PS: Weitere Feste findet ihr im Internet unter www.langenscheidt.de/kids.

England
28th January

Liebe Oma,

wir sind jetzt seit fast einem Monat hier in England. Meistens gefällt es mir ganz gut. Ich gehe von Montag bis Freitag, von 8.30 **in the morning**, morgens, bis 4 Uhr **in the afternoon**, nachmittags, zur Schule. So ist es hier üblich, alle Kinder haben den ganzen Tag Schule. Mach dir aber keine Sorgen Oma, verhungern tu ich nicht. Wir haben eine Stunde **lunch break**, Mittagspause, und können uns entweder in der Schule was Warmes kaufen oder **a packed lunch**, ein Lunchpaket, mitbringen. Ich gehe zu Fuß zur Schule. Dennis, der Nachbarjunge, läuft mir immer hinterher. Er nervt den ganzen Weg. Zum Glück habe ich es nicht weit. Aber ich vermisse meine Freunde in Deutschland so! Außerdem komme ich mit Englisch noch nicht so gut klar. Mama meint, das sollte ich dir erzählen. Ich weiß nicht warum.

Liebe Grüße aus England
deine Lena

Deutschland
5. Februar

Meine liebste Lena,

ich freue mich immer so, deine Briefe zu bekommen. So wie du Probleme mit der englischen Sprache hast, komme ich mit dem Telefon nicht zurecht. Wenn man so schrecklich alt ist wie ich, kann man nicht mehr so gut hören wie früher.

Du würdest deiner Oma einen großen Gefallen tun, wenn du ihr von deinen neuen Erlebnissen schreibst. Vor allem möchte ich alles über englische Feste und Feiertage erfahren. Wenn ein paar englische Wörter dabei sind, lerne ich gleich auch etwas Englisch.

Du wirst sehen, es gibt für alles eine Lösung. Auch wenn es um dein Englisch geht und dir deine Freunde fehlen. Und eh du dich versiehst, wird es dir richtig gut in England gefallen. Wer weiß, was du noch alles erleben wirst!

Liebe Grüße, Schätzchen
von deiner Oma

Pancake Day

4th March

Liebe Oma,

heute war hier **Pancake Day**, Pfannkuchentag. Das war vielleicht lustig! Ich hätte nie gedacht, dass es so einfach ist, **pancakes** zu machen. Man braucht nur **flour**, **eggs** and **milk**, Mehl, Eier und Milch dazu. Die Engländer essen übrigens ihre **pancakes** am liebsten mit **lemon and sugar**, Zitronensaft und Zucker. Das hört sich vielleicht komisch an, schmeckt aber lecker!
Wir haben ein paar **pancakes** übrig gehabt und damit ein **pancake race,** Pfannkuchenrennen, im Garten gemacht. Jeder von uns hatte einen **pancake** in einer **frying pan**, Bratpfanne. Wir mussten bis zum Ziel rennen und unterwegs unseren **pancake** fünfmal hochwerfen und wenden. Gar nicht so einfach! Papas **pancake** ist ins Gras gefallen und schwuppdiwupp hat Hamlet, **my cat**, den ich neulich vom Baum gerettet hab, ihn geschnappt. Das war **very funny**, sehr lustig! Du hättest Papas Gesicht sehen müssen!
Übrigens, Hamlet meinte, dass die **pancakes** mit Mäusefüllung noch besser schmecken würden. Igitt!

Viele Grüße aus England
deine Lena

Pancake Day

A pancake day rhyme

Ten yummy pancakes, frying in a pan.
One went pop! and one went bang!
Eight yummy pancakes, frying in a pan.
One went pop! and one went bang!
Six yummy pancakes, frying in a pan.
One went pop! and one went bang!
Four yummy pancakes, frying in a pan.
One went pop! and one went bang!
Two yummy pancakes, frying in a pan.
One went pop! and one went BANG!

Make a pop! by popping your finger out of the side of your mouth, and a bang! by clapping your hands.

How to have
a pancake race

Each person has his or her own frying pan.
In the frying pan is a cooked pancake.
Each person must toss his or her pancake 5 times before crossing the finishing line.
If you drop the pancake you have to go back to the start and begin again.
The first one to cross the finishing line is the winner.

A yummy pancake recipe

You need:

100 g flour
1 beaten egg
250 ml milk
Butter
Sugar
Lemon juice

How to make pancakes:

1. Put the flour into a large bowl.
2. Mix the beaten egg into the flour.
3. Slowly add the milk. Mix well until you have a smooth batter.
4. Melt butter in a frying pan.
5. Add a little of the pancake batter.
6. Cook until the pancake is brown underneath.
7. Toss the pancake so it turns over.
8. Cook the other side.

Eat with sugar and lemon juice.

Easter

21st April

Dear Granny, liebe Oma,

an **Good Friday**, Karfreitag, haben wir **Hot Cross Buns** gebacken. Diese süßen Brötchen sind wirklich lecker! Du musst das Rezept unbedingt mal ausprobieren.
Am **Easter Sunday**,Ostersonntag, sind wir alle zu einem sog. **Easter activity day,** einem Tag voller Aktivitäten, aufs Land gefahren. Dennis war auch dabei. (Papa hat ihn eingeladen, nicht ich.)
Wir haben ganz viele Spiele gespielt. Zuerst haben wir beim **Easter egg hunt**, Ostereiersuchen, mitgemacht. Ich habe fünf kleine **chocolate Easter eggs**, Schokoeier, gefunden, Dennis nur vier. Haha! Dafür hat er mich aber beim **egg and spoon race**, dem Ei-und-Löffel-Rennen, geschlagen. Später haben wir hart gekochte Eier bemalt. Und dann, das glaubst du nicht, haben wir sie den Hügel runterrollen lassen! Das Ei, das zuerst unten ankommt, hat gewonnen. Dennis' Ei ist in ein **rabbit hole**, ein Kaninchenloch, gerollt, und meins ist in einem **bush**, Gebüsch, gelandet. Hamlet hat sie für uns rausgeholt. Wir haben zwar nicht immer gewonnen, aber es hat riesig Spaß gemacht.
Ich glaube, es gefällt mir langsam in England.

Viele Grüße
deine Lena

Easter

A Hot Cross Buns Recipe

You need:

1 large spoon of dried yeast
150 ml warm water
50 ml milk
450 g flour
½ teaspoon of salt
40 g candied peel
60 g sugar
50 g butter
1 (beaten) egg
25 g raisins
2 teaspoons of mixed spice

First make the yeast mixture.

1. Put the warm milk and the warm water into a large bowl.
2. Add a teaspoon of sugar, dried yeast and 100g flour. Mix well.
3. Leave mixture in a warm place for 30 minutes.

Then make the bun mixture.

4. Melt the butter.
5. Add the butter and egg to the yeast mixture.
6. Add the flour, sugar, salt and spices and then the raisins and candied peel to the mixture.
7. Stir well.
8. Knead the dough with your hands for 10 minutes.
9. Make 12 dough balls and place them on a baking tray.
10. Heat the oven to 180 °C.
11. Cut a cross into the top of the buns with a knife.
12. Bake for about 15 minutes.

Sprinkle the cooked buns with icing sugar. Eat with butter.

Colour in the Easter egg hunt picture. How many Easter eggs can you find?

Egg and Spoon Race

Each person has a hard boiled egg balanced on a teaspoon. Everyone has to run to the finishing line. If you drop your egg, you have to begin again from the start. The first person to cross the finishing line without dropping his or her egg is the winner.

Hot cross buns

HAPPY BIRTHDAY
ice cream
Happy Birthday, Lena and Dennis
ham and pickle
egg
jelly
cheese and pickle
cakes & pastries

Birthday Party

13th July

Liebe Oma,

gestern haben Dennis und ich zusammen unseren Geburtstag gefeiert. Es gab eine große **birthday party**, ein Geburtstagsfest, bei uns im **garden**. Wir durften alle unsere **friends**, Freunde, einladen.
Unterm Baum stand ein großer **table**, Tisch, mit lauter tollen Sachen. Es gab viele verschiedene **sandwiches**, belegte Brote, **sausage rolls**, Würstchen im Teigmantel (was es hier in England für komisches Zeug gibt!), **ice cream,** Eis, **and jelly,** und Wackelpudding (der aussah wie ein schwarzer Kater). Hamlet schaute sich alles aus sicherer Entfernung von seinem Versteck im Baum aus an. Vielleicht waren es ihm zu viele Kinder.
Stell dir vor, Mama hatte tatsächlich vergessen, einen **birthday cake**, Geburtstagskuchen, zu backen, aber dank Hamlets Zauberkünsten gab es doch noch einen wunderschönen, mit **candles**, Kerzen, drauf. Die mussten Dennis und ich auf einen Schlag ausblasen. Wir durften uns etwas wünschen und dann haben alle “**Happy Birthday**” gesungen. Danach haben wir gespielt. **My favourite game**, mein Lieblingsspiel, war “**pin the tail on the donkey**”, „Hefte den Schwanz an den Esel“. Kennst du das?

Viele Grüße aus England
deine Lena

PS: Danke für mein **birthday present**, Geburtstagsgeschenk.

Happy Birthday Party

How to play

Pin the Tail on the Donkey

Draw a large picture of a donkey (without a tail) on a large sheet of paper. Draw a tail on another sheet of paper or card. Cut out the tail. Pin the donkey drawing onto a wall. Tie a scarf around one child's eyes. He or she should try to pin the tail on the donkey. Mark the place on the donkey picture with a cross and the child's name. Each child has a turn. The child who has pinned the tail nearest to the correct place is the winner.

Musical Statues

Children dance around while music plays. Stop (pause) the music. When the music stops, the children have to stand very, very still – like statues. The first child to move is out. Play the music again. Repeat until there is a winner.

Dead Fish

Children lie on the floor. If they move, they are out. The last person left in the game is the winner. (If some children are very good at this it might be hard to make them move. Try telling jokes or tickling their feet!)

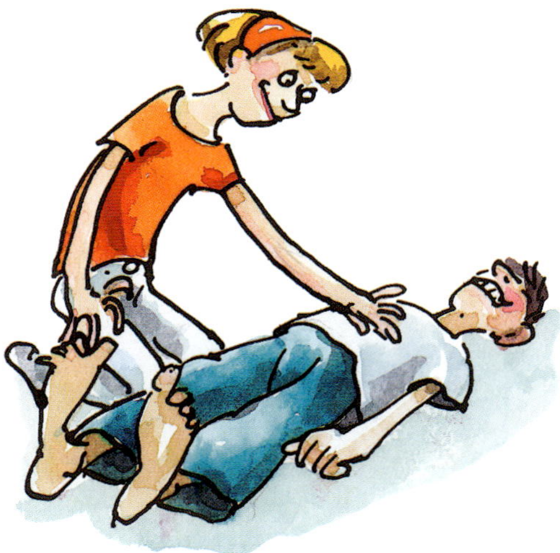

birthday to you!

Copy, enlarge and colour the two cat masks and cut them out. Attach a rubber band to the holes to wear it.

For he's a jolly good fellow

For he's a jolly good fellow, for he's a jolly good fellow,

for he's a jolly good fellow, and so say all of us! –

HAPPY HALLOW
tomatoes
blood punch
pepper
olives
cheese
tomato sauce

Halloween

31st October

Liebe Oma,

gerade bin ich von einer **Halloween Party** zurückgekommen. Es war eine **fancy dress party**, ein Kostümfest. Jeder musste sich ganz gruselig verkleiden. Das war toll!
Vor der Party sind wir von Haus zu Haus gelaufen. Dennis als **vampire**, Vampir, und ich als **witch**, Hexe. Hamlet war meine **witch's cat**, Hexenkatze, und saß auf meiner Schulter. Man hätte meinen können, er macht das nicht zum ersten Mal.
An jeder Haustür haben wir geklingelt und "**Trick or Treat**", Streich oder Süßigkeit, gerufen. Niemand wollte, dass wir ihm einen **trick** spielen. Deshalb haben wir eine Menge Süßigkeiten bekommen.
Bei der **fancy dress party** waren noch zwei **witches**, **a ghost**, ein Gespenst, **a monster**, **a mummy**, eine Mumie (keine Mutter), und **a mean werewolf**, ein gemeiner Werwolf.
Wir haben **scary pizzas**, Gruselpizzas, gegessen und **blood punch**, Blutpunsch, getrunken. **Yum yum!** Lecker!
Als wir "**bobbing for apples**" gespielt haben, ist mein **witch's hat**, Hexenhut, ins Wasser gefallen. **Oh dear**! Oh je!

Best wishes, viele Grüße
deine Lena

Halloween

How to make
a pumpkin lantern

1. Cut off the top of the pumpkin with a knife.
2. Hollow it out.
3. Cut out the face shape.
4. Put in a candle.

How to play
Bobbing for apples

1. Put some apples in a large bowl of water.
2. Keep your hands behind your back.
3. Take an apple out of the bowl – using only your mouth.

How to make
a Halloween bat

1. Cut the toilet roll.
2. Cut out the wings and slide them into the toilet roll.
3. Roll up a ball of newspaper for the head.
4. Cut out the feet, eyes and ears.
5. Roll up 2 strips of card for the back of the eyes.
6. Stick everything together.
7. Paint everything black.
8. Glue on the front of the eyes.
9. Paint on the vampire fangs – your bat is finished!

Halloween Blood Punch

You need:

3 – 4 different fruit juices.
At least one must be red.
A large bowl.

Dennis' favourite is:
1 part blood orange juice
1 part orange juice
1 part apple juice
1 part blackcurrant juice

To make your blood punch extra scary you can add:

Ice cubes with raisins in them. These look like insects caught in ice.

Some large washed plastic spiders and float them on the top of the punch.

Peeled grapes. They look like eyeballs.

Halloween Muffins

Makes about 16 muffins.

You need:

175 g of flour
2 teaspoons of baking powder
100 g soft butter
100 g brown sugar
2 beaten eggs
A handful of red, yellow and orange M&Ms or Smarties

1. Preheat the oven to 180 °C.
2. Place 16 paper cake cases on a baking tray.
3. Put all the ingredients together in a large mixing bowl.
4. Mix well.
5. Divide the mixture between the baking cases.
6. Bake for about 15 minutes.

When your muffins are cool you can decorate them. Dennis suggests dark red icing or chocolate spiders. Lena prefers her muffins with a sprinkle of icing sugar.

Bonfire Night

5th November

Liebe Oma,

in England ist der 5. November ein ganz besonderer Tag. Er heißt **Bonfire Night**. Während des Tages haben wir **wood**, Holz, für unser **bonfire**, Freudenfeuer, gesammelt. Am Abend haben wir unseren **'Guy'** darauf verbrannt und eine kleine **firework party**, eine Feuerwerksparty, in unserem Garten gefeiert.
Der **Guy** ist eine riesige Puppe aus **paper**, Papier, und **old clothes**, alten Kleidern, die Dennis und ich ganz allein gebastelt haben. Mit ihm haben wir uns auf die Straße gestellt und haben "**Penny for the Guy**" gerufen. Mit dem gesammelten Geld haben wir uns viele **sparklers**, Wunderkerzen, gekauft.
Zur **firework party** gab's wieder lauter leckere Sachen: **sausages**, Würstchen, **baked potatoes**, gebackene Kartoffeln, und **baked beans**, gebackene Bohnen in Tomatensoße. Dann haben wir das Feuerwerk angeschaut und die restlichen **toffee apples**, kandierte Äpfel, gegessen. Die waren ziemlich klebrig, und Mama meinte, ich sollte jetzt unbedingt das Zuckerzeug aus meinen Haaren waschen.
Ich fand die **Bonfire Night** echt cool. Aber für die Tiere ist es wohl nicht so toll, weil sie Angst vor dem Feuerwerk haben. Hamlet hat sich unter meinem Bett versteckt, aber ab und zu schaute er zum Fenster raus. Neugierig ist er ja gar nicht!

Best wishes from England, viele Grüße aus England
deine Lena

Bonfire Night

There are lots of animals hiding in this picture. How many can you find?

Guy Fawkes Rhyme

Remember, remember
The fifth of November,
Gunpowder, treason and plot.

A Toffee Apple Recipe

Preparation time: 10 minutes.
Cooking time: 30 minutes.
Makes 6 Toffee Apples.

You need:

6 red apples
450 g sugar
50 g butter
150 ml water
2 teaspoons of vinegar
1 large spoon of golden syrup

How to make the toffee apples:

1. Wash and dry the apples. Remove the stalks. Push a wooden stick into the centre of each apple.
2. Cover a baking tray with baking paper.
3. Place the sugar, butter, vinegar and syrup in a large saucepan with 150 ml of water.
4. Heat the toffee mixture gently until the sugar dissolves.
5. Bring the toffee mixture to the boil. Do not stir the mixture.
6. Continue to cook until the mixture reaches a light golden colour.
7. Remove the pan from the heat. Swirl until the bubbles stop bubbling.
8. Carefully dip an apple into the mixture.
9. Shake off the excess toffee mixture and place the apple on the tray.
10. Wait until the toffee has hardened.

HAMLET
LENA

Christmas Eve

24th December

Liebe Oma,

dieses Jahr feiern wir ein richtiges **English Christmas**, englisches Weihnachtsfest. Vieles ist hier wirklich ganz anders als bei uns. Statt Plätzchen haben die Engländer ihre **mince pies**. **Mince** bedeutet eigentlich Hackfleisch und das mag ich nicht, aber in den **pies** ist kein Fleisch sondern Früchte. Komisch!
Unser Wohnzimmer sieht sooo schön aus. Wir haben es mit **holly**, Stechpalme (aua!), und **paper chains**, Papierketten, geschmückt. Vom Türrahmen hängt ein **mistletoe**, Mistelzweig. Unter dem **mistletoe** muss man sich küssen, wusstest du das? Deshalb hält Papa sich auch so oft da auf.
Die Engländer verschicken auch viele **Christmas cards**, Weihnachtskarten. Hast du meine schon bekommen?
Unser **Christmas tree**, Weihnachtsbaum ist mit **coloured fairy lights**, bunten Lichterketten, geschmückt. Es sieht wirklich sehr hübsch aus. Jetzt fehlen nur noch die Geschenke. Aber die englischen Kinder bekommen ihre Geschenke ja nicht am **Christmas Eve**, Heiligabend, sondern sie müssen bis morgen früh warten, weil **Father Christmas**, der Weihnachtsmann, erst in der Nacht kommt. Ich würde so gern wach bleiben, um zu sehen, wie er mit seinem **sleigh**, Schlitten, und **reindeer**, Rentieren, auf unserem Dach landet, durch den **chimney**, Kamin, schlüpft und meinen **stocking**, Strumpf, mit Geschenken füllt. Aber Mama sagt, das geht nicht. Er kommt erst, wenn die Kinder schlafen.
Schade!
Deshalb Oma, **good night**, gute Nacht
deine Lena

Christmas Eve

A mince pie recipe

for 18 mince pies.

For the mincemeat you need:

25 g glacé cherries
50 g candied peel
100 g sultanas
75 g raisins
25 g flaked almonds
$\frac{1}{2}$ small ripe mashed banana
$\frac{3}{4}$ teaspoon of mixed spice
3 large spoons of apple juice

1. Put the glacé cherries, candied peel, sultanas, raisins and almonds into a bowl.
2. Add the apple juice, banana and spices. Stir well.
3. Leave to stand for 1 – 2 hours.
4. Preheat the oven to 200 °C.
5. Make the pastry.

For the pastry you need:

340 g flour
$\frac{3}{4}$ teaspoon of salt
150 g of diced butter
7–8 large spoons of ice-cold water

1. Put the flour, salt and butter into a bowl.
2. Mix well until the mixture looks like breadcrumbs.
3. Add the water and gently press the mixture together into a ball shape.
4. Knead the mixture lightly on a floured board.
5. Roll out thinly with a floured rolling pin.
6. Cut out 18 large circles (8cm), and 18 small circles (6 cm).
7. Grease a bun tin with butter.
8. Press the large circles into each section of a bun tin.
9. Put a large teaspoon full of mincemeat on top of the pastry.
10. Cover with the smaller pastry circles. Press down firmly at the edges.
11. Make a small steam hole in the top of each pie.
12. Bake for about 15 minutes.

Eat the pies hot with custard or cream, or cold with a sprinkle of sugar. Delicious!

Write a letter to Father Christmas

Dear Father Christmas,
Please bring me a

....

and a

....

I would also like a

....

Thank you very much.

Please give my love to Rudolph and the other reindeer.

Love from ....

How to make

paperchains

1. Cut out strips of coloured paper.
2. Glue the ends of one coloured strip together to make a loop.
3. Thread the next strip of paper through the loop, and glue the ends together.
4. Continue to make a chain.

Rudolph the Red-Nosed Reindeer

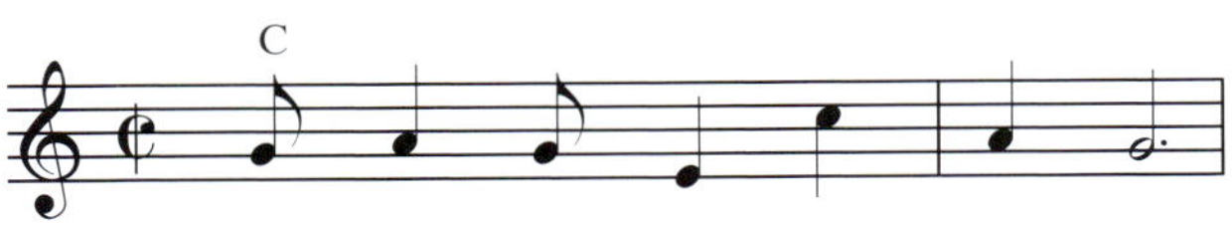

Rudolph the Red-Nosed Reindeer

Had a very shiny nose,

And if you ever saw it,

You could even say it glows.

Christmas Day

25th December

Liebe Oma,

this morning, heute Morgen, hat mich Hamlet ganz früh geweckt. Es ist **Christmas Day,** der 1. Weihnachtstag. Wir sind gleich nach unten gegangen, weil wir es gar nicht mehr erwarten konnten, unsere **presents**, Geschenke, auszupacken. In unseren Strümpfen fanden wir hübsche kleine **presents** und unterm **Christmas tree** waren noch mehr! **Father Christmas** war tatsächlich da gewesen!
Dennis' Familie hat uns zu einem echten englischen **Christmas dinner**, Weihnachtsessen, eingeladen. Bevor wir anfangen konnten, mussten wir **crackers**, Knallbonbons, ziehen. Da waren kleine Geschenke, ein Zettel mit einem Witz und ein bunter **paper hat**, Papierhut, drin. Den mussten wir während des Essens tragen. So was Albernes!!
Es gab **turkey** (schon wieder), **potatoes**, Kartoffeln, **Brussels sprouts**, Rosenkohl (igitt), **parsnips**, Pastinaken (geht so), und **carrots**, Karotten, das reinste Rentierfutter!
Zum Nachtisch gab es einen leckeren **Christmas pudding**, Plumpudding, mit **holly**, einem Stechpalmenzweig oben drauf. (Der **holly** war natürlich nicht zum Essen.)
Danach gingen wir alle raus in den Garten und haben einen **snowman**, Schneemann, gebaut. Bis auf Dennis' Oma. Die ist im Sessel eingeschlafen, mit ihrem **paper hat** auf dem Kopf. Hamlet hat es sich auf ihrem Schoß bequem gemacht.
Das war eine toller Tag!

Viele Weihnachtsgrüße, **merry Christmas greetings**
deine Lena

Christmas Day

Make your own
Memory Game

Photocopy the pictures twice onto card and cut them out.

Make your own
Christmas Crackers

you need:

a toilet paper roll
crêpe paper
thin ribbon or string
a sweet
a joke (written on paper)
BANG! (written on paper)
a Christmas motive (cut out from wrapping paper)

1. Put the sweet, the joke, and the BANG! inside the toilet paper roll.
2. Roll the toilet paper roll up in the crêpe paper.
3. Tie the ends with the ribbon or string.
4. Glue a Christmas motive onto the middle of the cracker.

Christmas Cracker Jokes

Here are some English jokes that you can put into your Christmas crackers

Q: How do you start a teddy-bear race?
A: Say 'Ready! Teddy! Go!'

Q: Why do birds fly south for the winter?
A: Because it's too far to walk!

Q: What's fat and merry and has eight wheels?
A: Father Christmas on in-line skates!

Q: What do monkeys sing at Christmas?
A: Jungle Bells, Jungle bells…!

Q: What's beautiful, grey and wears glass slippers?
A: Cinderellephant!

Q: Where do snowmen go to dance?
A: Snowballs!

Q: Why was the pharaoh so sad?
A: Because he couldn't find his mummy!

Q = question, A = answer

We Wish You A Merry Christmas

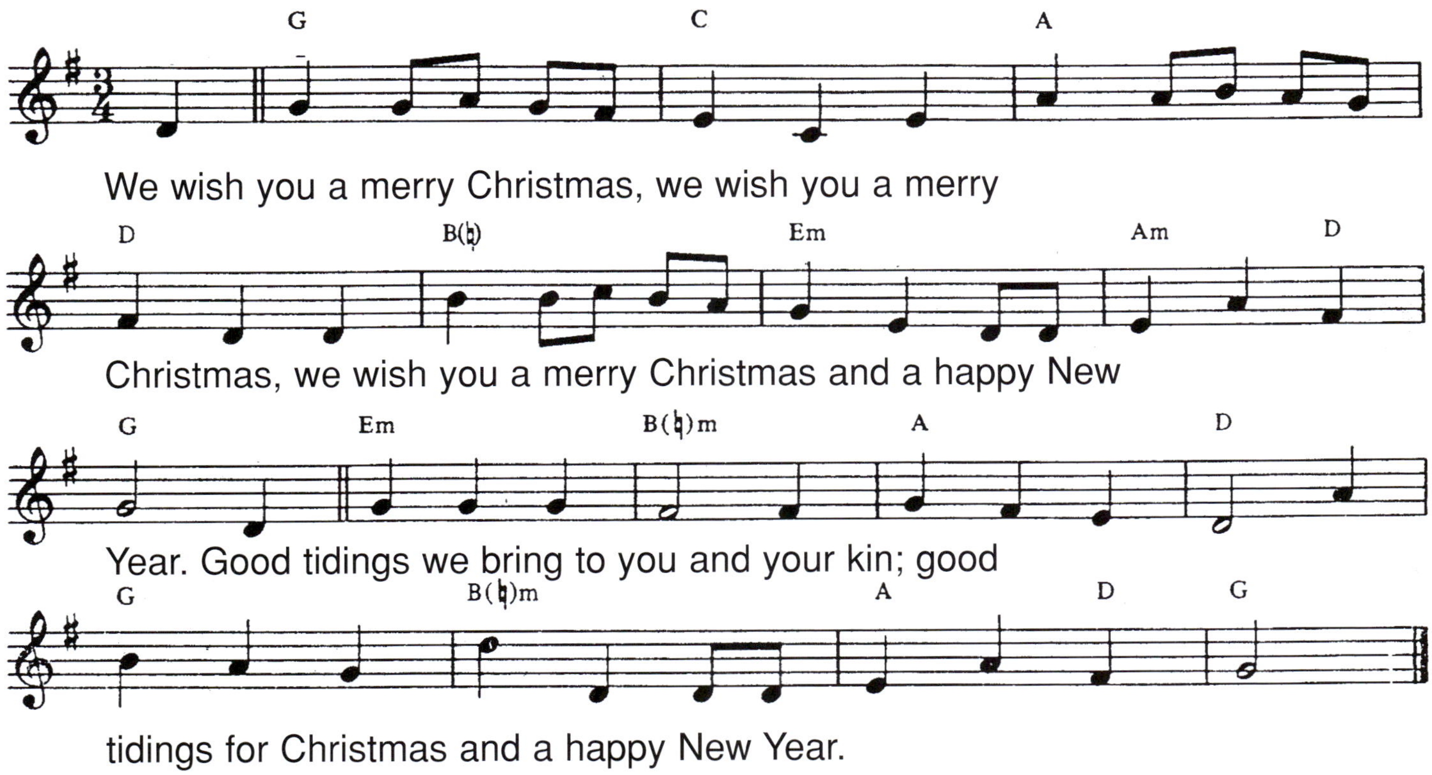

New Year's Eve

31st December

Liebe Oma,

eigentlich ist es schon **New Year's Day**, 1. Januar, aber ich muss dir unbedingt noch was über **New Year's Eve**, Silvester, erzählen. Wir sind alle in dem **big car**, großem Auto, von Dennis' Papa nach London gefahren. Papa hatte einen Tisch in einem tollen Restaurant reserviert, und nach dem Essen sind wir durch die Straßen von London gebummelt. Kurz nach 11 Uhr sind wir zum Trafalgar Square gelaufen. Da waren ganz viele Leute. Die schauten dem Straßentheater mit den **jugglers**, Jongleuren, und **musicians**, Musikanten, zu.
Kurz vor **midnight,** Mitternacht, fing der Countdown an. 10, 9, 8, ...
Punkt 12 schlug Big Ben, um das neue Jahr zu begrüßen. Big Ben ist die große **clock**, Uhr, im Turm des Parlamentgebäudes. Er ist nicht weit vom Trafalgar Square entfernt. Ein paar Verrückte sind sogar in die Brunnen gesprungen. Mir wäre das zu kalt (und nass). Plötzlich hörte ich ein lautes Schnurren. Auf dem Rücken eines der vier Steinlöwen, die Trafalgar Square bewachen, saß Hamlet! Er und der Löwe haben mir zugeblinzelt. Ich schwöre es!
Jetzt muss ich noch meine **New Year's resolutions**, guten Vorsätze für das neue Jahr, in mein neues **diary**, Tagebuch, schreiben.
Schade! Das Jahr in England ist jetzt schon fast um. Ich habe so viele tolle Sachen erlebt und viele neue Freunde gefunden. Aber dafür werde ich dich bald wieder sehen.

Bis dann Oma,
lots of love from Lena

New Year's Eve

Months and Festivals game

Each player has a counter. Throw the dice and move your counter through the year from January to December. If you land on a space with a picture read the rules to see what you have to do. You need to throw the exact number to win.

If you land on space number:

1 Make your New Year's resolutions. Go forwards 5 spaces.
5 Stop to build a snowman. Stay where you are and miss a go.
14 You get a Valentine's card. Go forwards 5 spaces.
16 No Valentine's cards for you this year. Go back 2 spaces.
18 Your pancake falls in the grass. Stop to look for it. Miss a go.
21 You win the pancake race! Go forwards 3 spaces.
25 You win the egg and spoon race! Have another go.
27 You can't find your green egg in the green grass. Stop to look for it. Go back 3 spaces.
31 You've eaten too many Easter eggs. You've got tummy ache. Sit down and miss a go.
35 Stop to talk to Hamlet. Stay where you are and miss a go.
42 Go to the birthday party with Ophelia. Go forwards 7 spaces.
50 You get a great birthday present. Go forwards 3 spaces.
55 It's your birthday! All the other players sing "Happy Birthday" to you. Go forwards 3 spaces.
61 Go for a walk with Hamlet. Go forwards 3 spaces.
66 Stop to talk to Ophelia. Stay where you are and miss a go.
73 Fly to the Halloween party on the broomstick. Go forwards 4 spaces.
78 Your witch's hat falls into the water. Next time throw an odd number (1, 3, 5) to continue.
81 Stop to watch the fireworks. Miss a go.
86 Play hunt the turkey. Next time throw an even number (2,4,6) to continue.
89 Your Christmas tree looks lovely. Have another go.
93 You go to a great pantomime. Stay there and miss a go.
96 You've lost your winter hat. Go back 2 spaces to look for it.

START
JANUARY
1 2 3 4 5 6 7 8
FEBRUARY
16 15 14 13 12 11 10 9
MARCH
17 18 19 20 21 22 23 24
APRIL
32 31 30 29 28 27 26 25
MAY
33 34 35 36 37 38 39 40
JUNE
48 47 46 45 44 43 42 41
JULY
49 50 51 52 53 54 55 56
AUGUST
64 63 62 61 60 59 58 57
SEPTEMBER
65 66 67 68 69 70 71 72
OCTOBER
80 79 78 77 76 75 74 73
NOVEMBER
81 82 83 84 85 86 87 88
DECEMBER
96 95 94 93 92 91 90 89
FINISH

Deutsche Übersetzung der "activity pages"

Pfannkuchentag (Faschingsdienstag)

Ein Pfannkuchenreim:
Zehn leckere Pfannkuchen brutzeln in der Pfanne.
Einer hat „pop" gemacht und der andere „peng!"
Acht leckere Pfannkuchen …
Sechs …
Vier …
Zwei …

Mach „pop", indem du deinen Finger seitlich aus dem Mund schnalzen lässt und „peng!", indem du in die Hände klatschst.

Wie man ein Pfannkuchenrennen macht:
Jeder hat eine Pfanne. In der Pfanne ist ein fertiger Pfannkuchen. Jeder muss seinen Pfannkuchen 5-mal hochwerfen, bevor er die Ziellinie erreicht. Wer seinen Pfannkuchen fallen lässt, muss zum Start zurück und von vorn anfangen. Sieger ist, wer als Erster das Ziel mit dem Pfannkuchen erreicht.

Ein leckeres Pfannkuchenrezept
Man braucht:
100 g Mehl
1 verquirltes Ei
250 ml Milch
Butter
Zucker
Zitronensaft

Wie man die Pfannkuchen macht:
1. Mehl in eine große Schüssel geben.
2. Verquirltes Ei mit dem Mehl verrühren.
3. Langsam die Milch hinzufügen. Zu einem glatten Teig vermischen.
4. Butter in einer Pfanne zerlassen.
5. Etwas Pfannkuchenteig hineingeben.
6. Braten, bis der Pfannkuchen von unten braun ist.
7. Pfannkuchen wenden.
8. Die andere Seite braten.

Mit Zucker und Zitronensaft essen.

Ostern

Ein Hot Cross Buns Rezept
Man braucht:
1 großen Löffel Trockenhefe
150 ml warmes Wasser
50 ml Milch
450 g Mehl
$^{1}/_{2}$ TL Salz
40 g Zitronat und Orangeat
60 g Zucker
50 g Butter
1 (verquirltes) Ei
25 g Rosinen
2 TL Gewürzmischung

Mach zuerst den Hefeteig.

1. Warme Milch und warmes Wasser in eine große Schüssel geben.
2. Einen TL Zucker, Trockenhefe und 100 g Mehl hinzufügen und gut vermischen.
3. 30 Minuten an einem warmen Ort gehen lassen.

Mach nun den Brötchenteig.

4. Butter zerlassen.
5. Butter und Ei zu der Hefemischung geben.
6. Mehl, Zucker, Salz, Gewürze, Rosinen und Zitronat und Orangeat hinzugeben.
7. Gut verrühren.
8. Den Teig 10 Minuten mit den Händen durchkneten.
9. 12 Teigkugeln formen und auf ein Backblech legen.
10. Ofen auf 180° vorheizen.
11. Ein Kreuz mit einem Messer oben in die Brötchen ritzen.
12. Ungefähr 15 Minuten backen.

Die fertigen Brötchen mit Puderzucker bestreuen. Mit Butter essen.

Male das Ostereiersuchbild bunt an. Wie viele Ostereier kannst du finden?

Eier-und-Löffel-Rennen
Jeder hat ein hart gekochtes Ei auf einem Löffel. Jeder muss damit bis zur Ziellinie laufen. Wer sein Ei fallen lässt, muss noch mal von vorn beginnen. Sieger ist, wer als Erster das Ziel erreicht, ohne sein Ei zu verlieren.

Geburtstagsfest

Wie man „Pinn den Schwanz an den Esel“ spielt
Zeichne einen großen Esel (ohne Schwanz) auf einen großen Bogen Papier. Zeichne den Schwanz auf ein Extrablatt Papier und schneide ihn aus. Hefte das Eselbild an eine Wand. Verbinde einem Kind die Augen mit einem Schal. Es muss jetzt versuchen, blind den Schwanz an den Esel zu pinnen. Markiere die Stelle mit einem Stift und schreibe den Namen des Kindes dazu. Jedes Kind kommt einmal dran. Sieger ist, wer den Schwanz am korrektesten anbringt.

Musikalische Statuen
Die Kinder tanzen zur Musik. Musik anhalten. Wenn die Musik aufhört, müssen die Kinder ganz still stehen – wie Statuen. Das Kind, das sich zuerst bewegt, ist raus. Musik wieder anstellen. So lange wiederholen, bis es einen Sieger gibt.

Tote Fische
Die Kinder liegen am Boden. Wer sich bewegt, ist raus. Sieger ist, wer als Letzter übrig bleibt. (Wenn die Kinder sehr gut im Stillliegen sind, kann es sehr schwer werden, sie dazu zu bringen sich zu bewegen. Versuch Witze zu erzählen oder sie an den Füßen zu kitzeln!)
Kopiere und vergrößere die zwei Katzenmasken, male sie bunt an und schneide sie aus. Zieh ein Gummiband durch die Löcher zum Umbinden.

Halloween

Wie man eine Kürbislaterne bastelt:

1. Schneide mit einem Messer oben einen Deckel vom Kürbis ab.
2. Höhle den Kürbis aus.
3. Schnitze ein Gesicht hinein.
4. Stell eine Kerze hinein.

Wie man eine Halloween Fledermaus bastelt:
1. Schneide eine Klopapierrolle auf wie im Bild.
2. Schneide die Flügel aus und schiebe sie in die Klopapierrolle.
3. Forme aus Zeitungspapier eine Kugel als Kopf.
4. Schneide die Füße, Augen und Ohren aus.
5. Rolle zwei Pappstreifen für den Augenhintergrund auf.
6. Klebe alles zusammen.
7. Male alles schwarz an.
8. Klebe vorn die Augen an.
9. Mal die Vampirzähne auf – deine Fledermaus ist fertig!

Wie man „Äpfelschnappen“ spielt:
1. Leg ein paar Äpfel in eine große Schüssel mit Wasser.
2. Lass die Hände hinter dem Rücken.
3. Nimm einen Apfel aus der Schüssel – nur mit dem Mund.

Halloween Blutpunsch
Man braucht:
3–4 verschiedene Obstsäfte. Wenigstens einer muss rot sein. Eine große Schüssel.
Dennis' Lieblingspunsch ist:
1 Teil Blutorangensaft
1 Teil Orangensaft
1 Teil Apfelsaft
1 Teil schwarzer Johannisbeersaft
Um deinen Blutpunsch noch gruseliger zu machen, kannst du Folgendes hinzufügen:
Eiswürfel mit Rosinen drin. Das sieht aus wie Insekten in Eis.
Ein paar saubere große Plastikspinnen auf dem Punsch schwimmen lassen.
Geschälte Weintrauben. Sie sehen wie Augäpfel aus.

Halloween Muffins
Ergibt ungefähr 16 Muffins.
Man braucht:
175 g Mehl
2 TL Backpulver
100 g weiche Butter
100 g braunen Zucker
2 verquirlte Eier
Eine Hand voll rote, gelbe und orange M&Ms oder Smarties
1. Ofen auf 180°C vorheizen.
2. 16 Papierbackförmchen auf ein Backblech setzen.
3. Alle Zutaten in eine große Rührschüssel geben.
4. Gut vermischen.
5. Die Mischung auf die Backförmchen verteilen.
6. Ungefähr 15 Minuten backen.

Wenn die Muffins kalt sind, kannst du sie verzieren. Dennis schlägt dunkelroten Zuckerguss vor oder Schokoladenspinnen. Lena bevorzugt ihre Muffins mit Puderzucker bestreut.

Bonfire Night

Viele Tiere sind auf diesem Bild versteckt. Wie viele kannst du entdecken?

Guy Fawkes Reim:
Erinnert euch an den 5. November.
Schießpulver, Verrat und Komplott.

Ein Rezept für kandierte Äpfel:
Vorbereitungszeit: 10 Minuten
Kochzeit: 30 Minuten
Ergibt 6 kandierte Äpfel
Man braucht:

6 rote Äpfel
450 g Zucker
50 g Butter
150 ml Wasser
2 TL Essig
1 großen Löffel goldenen Sirup

Wie man die kandierten Äpfel zubereitet:

1. Äpfel waschen und abtrocknen. Stängel entfernen. Einen Holzspieß durch jeden Apfel stecken.
2. Backblech mit Backpapier auslegen.
3. Zucker, Butter, Essig und Sirup mit 150 ml Wasser in einen Kochtopf geben.
4. Vorsichtig erhitzen, bis sich der Zucker aufgelöst hat.
5. Zuckermischung zum Kochen bringen. Nicht umrühren.
6. So lange kochen, bis die Mischung eine hellgoldene Farbe hat.
7. Topf vom Herd nehmen. Schwenken, bis es aufhört zu sprudeln.
8. Vorsichtig einen Apfel hineintauchen.
9. Überflüssige Karamellmischung abtropfen lassen.
10. Warten, bis der Zuckerguss hart geworden ist.

Heiligabend

Ein Mince Pie-Rezept
Man braucht für die Früchtemischung:

25 g Cocktailkirschen
50 g Zitronat/Orangeat
100 g Sultaninen
75 g Rosinen
25 g geraspelte Mandeln
$^{1}/_{2}$ kleine reife zerdrückte Banane
$^{3}/_{4}$ TL Lebkuchengewürz
3 große Löffel Apfelsaft

1. Cocktailkirschen, Zitronat, Orangeat, Sultaninen, Rosinen und Mandeln in eine Schüssel geben.
2. Apfelsaft, Banane und Gewürze dazugeben. Gut verrühren.
3. 1–2 Stunden stehen lassen.
4. Ofen auf 200°C vorheizen.
5. Den Teig zubereiten.

Für den Teig braucht man:

340 g Mehl
$^{3}/_{4}$ TL Salz
150 g gewürfelte Butter
7–8 große Löffel eiskaltes Wasser

1. Mehl, Salz und Butter in eine Schüssel geben.
2. Gut verrühren, bis die Mischung krümelig aussieht.
3. Wasser zugeben und alles zu einer Kugel formen.
4. Teig auf ein bemehltes Backblech kneten.
5. Mit einem bemehlten Nudelholz dünn ausrollen.
6. 18 große Kreise (8 cm) und 18 kleine Kreise (6 cm) ausstechen.

7. Eine Art Muffinform mit Butter einfetten.
8. Die großen Teigkreise in jede Vertiefung drücken.
9. Einen großen TL Pastetenfüllung auf den Teig geben.
10. Mit den kleineren Teigkreisen bedecken. Die Ränder fest zusammendrücken.
11. Ein Luftloch oben in jede Pastete machen.
12. Ungefähr 15 Minuten backen.

Man isst die Pasteten heiß mit Vanillesauce oder Sahne oder kalt mit Puderzucker. Köstlich!

Schreib einen Brief an den Weihnachtsmann:

Lieber Weihnachtsmann,
Bitte bring mir … und ein …
Außerdem hätte ich gern …
Vielen Dank.
Bitte grüße Rudolph und die anderen Rentiere von mir.
Herzliche Grüße von …

Wie man Papierketten macht:
1. Schneide Streifen aus Buntpapier aus.
2. Klebe die Enden von einem Papierstreifen zu einer Schlaufe zusammen.
3. Fädle den nächsten bunten Papierstreifen durch die Schlaufe und klebe die Enden zusammen.
4. Mach so weiter, bis du eine Kette hast.

1. Weihnachtstag

Bastle dir ein Memory-Spiel:
Fotokopier die Bilder zweimal auf Pappe und schneide sie aus.

Bastle dir Weihnachtsknallbonbons:
Man braucht:
1 Klopapierrolle
Krepppapier
Band oder Schnur
1 Bonbon
1 Witz (auf Papier geschrieben)
1 „Knall" (auf Papier geschrieben)
1 Weihnachtsmotiv (ausgeschnitten aus Geschenkpapier)

1. Den Bonbon, den Witz und den „Knall" innen in die Klopapierrolle tun.
2. Das Ganze in Krepppapier einwickeln.
3. Die Enden mit einem Band oder einer Schnur zubinden.
4. Ein Weihnachtsmotiv auf die Mitte des Knallbonbons kleben.

Witze für die Weihnachtsknallbonbons:
Hier sind ein paar englische Witze, die du in deine Knallbonbons packen kannst.
F: Was sagt man beim Start eines Teddybärrennens?
A: Sag „Auf die Plätze, Teddy, los!"
F: Warum fliegen die Vögel im Winter gen Süden?
A: Weil es zu weit zum Laufen ist!
F: Wer ist dick, fröhlich und hat acht Räder?
A: Der Weihnachtsmann auf Inlineskates!
F: Was singen Affen zu Weihnachten?
A: Dschungelglocken, Dschungelglocken ...

F: Wer ist schön, grau und trägt Glaspantoffel?
A: Aschenputtelelefant!
F: Wohin gehen Schneemänner zum Tanzen?
A: Auf Schneebälle!
F: Warum war der Pharao so traurig?
A: Weil er seine Mumie/Mama nicht finden konnte!

Silvester

Monate-und-Feiertage-Spiel:
Jeder Spieler hat eine Spielfigur. Würfle und bewege deine Figur durch das Jahr von Januar bis Dezember. Wenn du auf einem Feld mit einem Bild landest, lies, was du tun musst. Der Gewinner muss die genaue Zahl würfeln, um zum Ziel zu gelangen.
Wenn du auf einem Feld landest mit der Nummer:

1 Fass gute Vorsätze fürs Neue Jahr. Geh 5 Felder vorwärts.
5 Halte an, um einen Schneemann zu bauen. Bleib, wo du bist und setz 1-mal aus.
14 Du hast eine Valentinskarte bekommen. Geh 5 Felder vorwärts.
16 Keine Valentinskarte für dich dieses Jahr. Geh 2 Felder zurück.
18 Dein Pfannkuchen ist ins Gras gefallen. Halt an und such ihn. 1-mal aussetzen.
21 Du hast das Pfannkuchenrennen gewonnen! Geh 3 Felder vor.
25 Du hast das Eier-Löffel-Rennen gewonnen. Noch mal würfeln.
27 Du kannst dein grünes Ei im Gras nicht finden. Halt an und such es. Geh 3 Felder zurück.
31 Du hast zu viele Ostereier gegessen und hast Bauchschmerzen. Setz dich und setz 1-mal aus.
35 Halt an und unterhalte dich mit Hamlet. Bleib, wo du bist. 1-mal aussetzen.
42 Geh mit Ophelia auf die Geburtstagsparty. Geh 7 Felder vor.
50 Du bekommst ein großes Geburtstagsgeschenk. Geh 3 Felder vor.
55 Du hast Geburtstag! Alle singen „Happy Birthday". Geh 3 Felder vor.
61 Mach einen Spaziergang mit Hamlet. Geh 3 Felder vor.
66 Halt an und unterhalte dich mit Ophelia. Bleib, wo du bist und setz 1-mal aus.
73 Flieg auf einem Besen zur Halloweenparty. Geh 4 Felder vorwärts.
78 Dein Hexenhut ist ins Wasser gefallen. Beim nächsten Mal musst du eine ungerade Zahl würfeln, um weiterzukommen.
81 Halt an und schau dir das Feuerwerk an. 1-mal aussetzen.
86 Spiel „Fang den Truthahn". Beim nächsten Mal musst du eine gerade Zahl würfeln.
89 Dein Christbaum sieht wunderschön aus. Noch mal würfeln.
93 Du gehst zu einer Pantomime. Bleib dort und setz 1-mal aus.
96 Du hast deine Wintermütze verloren. Geh 2 Felder zurück, um sie zu suchen.

Englische Wörter und Sätze aus der CD mit deutscher Übersetzung

(In der Reihenfolge, wie sie im Text vorkommen.)

Chapter 1 Kapitel 1
The Beginning Der Anfang

Welcome to England! Willkommen in England!
a semi-detached house ein Doppelhaus
from eight thirty in the morning von morgens halb neun
four o'clock in the afternoon vier Uhr nachmittags
lunch Mittagessen
a girl ein Mädchen
a boy ein Junge
Are you Dennis? Bist du Dennis?
What's that? Was ist das?
a little black cat ein kleiner schwarzer Kater
What's the matter? Was ist los?
Wait, I'm coming. Warte, ich komme.
What are you doing? Was machst du?
The little black cat is in the tree. Der kleine schwarze Kater ist im Baum.
I want to rescue him. Ich will ihn retten.
The poor little cat! Der arme kleine Kater!
Have you gone mad? Bist du übergeschnappt?
Climb on my back. Klettere auf meinen Rücken!
quickly schnell
Come on. Komm jetzt!
What's your name? Wie heißt du?
You can speak English and German. Du kannst Englisch und Deutsch sprechen.
I don't believe it. Ich glaub's nicht!
a talking cat ein sprechender Kater
if that's okay wenn dir das recht ist
Bless you! Gesundheit!
Have you got a cold? Bist du erkältet?
in the rain im Regen
But 'm not tired. Ich bin aber gar nicht müde.
Sleep now. Schlaf jetzt!

Chapter 2 Kapitel 2
Pancake Day Pfannkuchentag (Faschingsdienstag)

I'm home. Ich bin zu Hause.
in the kitchen in der Küche
How are you? Wie geht es dir?
Fine, thanks. Gut, danke.
I'm very hungry. Ich bin sehr hungrig.
at school in der Schule
Everyone talked about pancakes. Alle haben über Pfannkuchen geredet.
Listen. Hör mal!
a very rumbly tummy ein ziemlich knurrender Magen
today is heute ist
Where is … ? Wo ist …?
Did you say pancakes? Hast du Pfannkuchen gesagt?
Great! Toll!
I'm really hungry. Ich bin wirklich hungrig.
What do we need? Was brauchen wir?
We need … Wir brauchen …
eggs, milk and flour. Eier, Milch und Mehl.
Mix everything together in a big bowl Alles zusammen in einer großen Schüssel mischen
until we have a smooth batter. bis wir einen glatten Teig haben.

Melt butter in a frying pan. Butter in einer Bratpfanne zerlassen.
Ten yummy pancakes … Zehn leckere Pfannkuchen …
frying in a pan braten in einer Pfanne
one went pop … einer machte „pop" …
and one went bang. und einer machte „peng".
What are you saying? Was sagst du da?
eight acht
six sechs
four vier
They're nearly ready. Die sind fast fertig.
Have you got … Habt ihr …?
lemon juice and sugar Zitronensaft und Zucker
Why? Warum?
I'm afraid … Ich fürchte …
we haven't got any chocolate spread. wir haben keinen Schokoaufstrich.
jam Marmelade
Papa is shopping. Papa ist gerade beim Einkaufen.
Look at Dennis. Schau mal Dennis an.
Not bad. Gar nicht schlecht!
Hello everyone! Hallo Leute!
Here is … Hier ist …
Get down from the chair. Runter vom Stuhl!
I don't want to. Ich will aber nicht!
All right. In Ordnung!
How many pancakes did you make? Wie viele Pfannkuchen hast du gemacht?
Let's have a pancake race! Lass uns ein Pfannkuchenrennen machen!
That sounds easy. Das hört sich leicht an.
easy peasy kinderleicht
to the end of the garden … zum Ende des Gartens …
and back und zurück
Good idea! Gute Idee!
Stupid thing. Blödes Ding!
Turn around. Dreh dich um!
That's right. So ist's richtig.
one, two, three, four, five eins, zwei, drei, vier, fünf
Are we all ready? Sind alle so weit?
Ready, steady, go! Auf die Plätze, fertig, los!
Bring it back. Bring ihn zurück!
Don't eat it. Nicht fressen!
Too late. Zu spät!
That's disgusting. Das ist ja widerlich!

Chapter 3 Kapitel 3
Easter Ostern

hot cross buns Rosinenbrötchen
on Good Friday am Karfreitag
Good morning. Guten Morgen.
Do you want one? Willst du eins?
Easter Sunday Ostersonntag
Easter Activity Day Ostertag voller Aktivitäten
the Easter bunny der Osterhase
Everyone get in. Alle einsteigen!
Where's …? Wo ist …?
That's true. Das ist wahr.
He's always hungry. Er hat ständig Hunger.
Happy Easter. Frohe Ostern!

Let's go. Lass uns gehen!
Have a nice day. Einen schönen Tag noch!
Bye, bye. Tschüs!
egg and spoon race Ei-und-Löffel-Rennen
I won. Ich habe gewonnen.
Well done. Gut gemacht!
Was there a prize? Gab es einen Preis?
a chocolate Easter egg ein Schokoladenosterei
another one noch eins
egg painting Eieranmalen
egg rolling competition Eier-Roll-Wettbewerb
Why have you painted it green? Warum hast du es grün angemalt?
Pardon? Wie bitte?
I like green. Ich mag grün.
like the grass wie das Gras
You'll lose it. Du wirst es (aus den Augen) verlieren.
I won't. Das werde ich nicht!
I've got eagle eyes. Ich habe Adleraugen.
I can see … Ich kann … sehen.
bright red knallrot
It's rolled into the bush. Es ist ins Gebüsch gerollt.

Don't laugh. Lach nicht!
I don't know. Ich weiß es nicht.
I can't see it. Ich kann es nicht sehen.
Look, there! Schau mal, da!
in the rabbit hole in dem Kaninchenloch
There it is. Da ist es.
What shall we do now? Was machen wir jetzt?
Help us. Hilf uns!
It's jumped out of the rabbit hole. Es ist aus dem Kaninchenloch rausgesprungen.
Who won …? Wer hat …. gewonnen?
We came last. Wir waren die Letzten.
What did you win? Was habt ihr gewonnen?
What a lovely day! Das war ein toller Tag!
Thank you very much. Vielen Dank.
You're welcome. Bitte schön!
Time to go to sleep now. Zeit zum Einschlafen!

Chapter 4 Kapitel 4
The Birthday Party Die Geburtstagsparty

Your friends are here. Deine Freunde/Freundinnen sind da.
Great! Toll!
birthday presents Geburtstagsgeschenke
for me für mich
so many so viele
boys Jungs
The garden looks lovely. Der Garten sieht schön aus.
Go outside. Geht nach draußen.
Look at the table. Schau dir mal den Tisch an!
What a lot of yummy food! So viel leckeres Essen!
sausage rolls Würstchen im Teigmantel
my favourite mein Lieblings …
They look funny. Die sehen witzig aus.
cheese and pickle Käse und Gemüse-Chutney
ham Schinken
jelly Wackelpudding
up in the tree oben im Baum
I think he's hiding. Ich glaube, er versteckt sich.
From who? Vor wem?
from you and your friends vor dir und deinen Freunden
The ice-cream is in the kitchen. Das Eis ist in der Küche.
I'll get it. Ich hole es.
birthday cake Geburtstagskuchen
Oh my goodness me! Ach du lieber Himmel!
I'm sorry. Es tut mir Leid!
a box eine Schachtel
What's in the box? Was ist in der Schachtel drin?
What a lovely birthday cake! Was für ein schöner Geburtstagskuchen!
Happy birthday! Herzlichen Glückwunsch!
and candles, too und auch Kerzen
Make a wish. Wünscht euch was!
matches Streichhölzer
No, I haven't got … Nein, ich habe keine …
grown ups Erwachsene
Why? Warum?
over there da drüben
but behind us aber hinter uns
my whiskers meine Schnurrhaare
Let's blow out the candles. Lass uns die Kerzen ausblasen.
First we have to sing. Zuerst müssen wir singen.
blow pusten
my favourite party game mein Lieblingspartyspiel
Pin the tail on the donkey. Hefte den Schwanz an den Esel.
That hurts! Das tut weh!
a donkey ein Esel

Chapter 5 Kapitel 5
Halloween Halloween

blood Blut
I need … ich brauche …
your blood dein Blut
Go away. Geh weg!
I am … ich bin …
a vampire ein Vampir
a witch eine Hexe
a broomstick ein Hexenbesen
I'm ready. Ich bin fertig.
I'm not ready. Ich bin noch nicht fertig.
my witch's cat mein Hexenkater
Why not? Warum nicht?
a rubber bat eine Gummi-Fledermaus
Trick or treat. Streich oder Süßigkeit!
You ring the doorbell. Klingel du lieber!
I can hear footsteps. Ich höre Schritte.
Time to go home now. Zeit nach Hause zu gehen.
It's nearly five o'clock. Es ist fast fünf Uhr.
I want to go to the Halloween party. Ich will zur Halloweenparty gehen.
What shall we do? Was sollen wir machen?
I don´t know. Ich weiß nicht.
Put your broomstick on the ground. Leg deinen Hexenbesen auf den Boden.
Stand back. Geht ein paar Schritte zurück!
Shall we get on? Sollen wir aufsteigen?
Is it safe? Ist es sicher?
Hold tight! Festhalten!
exactly five o'clock Punkt Fünf
a fancy-dress party ein Kostümfest
food Essen
scary pizza Gruselpizza
a monster ein Monster

next to neben
a ghost ein Gespenst
two more witches noch zwei Hexen
the mummy die Mumie
They're crazy. Die spinnen doch!
blood punch Blutpunsch
Let's try it. Lass uns probieren.
How do we make …? Wie machen wir …?
We begin with the pizza base. Wir fangen mit dem Pizzaboden an.
Spread tomato sauce over the pizza base. Tomatensoße auf dem Pizzaboden verteilen.
make a scary face mach ein Gruselgesicht
black olives for the eyes schwarze Oliven für die Augen
a yellow pepper mouth ein Mund aus gelbem Paprika
red pepper vampire fangs Vampirzähne aus rotem Paprika
cheese hair Käsehaar
pineapple teeth Ananaszähne
My pizza needs … Meine Pizza braucht …
a cherry tomato nose eine Kirschtomatennase
My scary face is finished. Mein Gruselgesicht ist fertig.
Why is your witch's hat wet? Warum ist dein Hexenhut nass?
the stupid werewolf der blöde Werwolf
He scared me. Er hat mich erschreckt.
apples Äpfel
My tummy aches. Mein Bauch tut weh.
I can't walk home. Ich kann nicht nach Hause laufen.
Do it again, please. Bitte noch einmal!
You're the best cat in the world. Du bist der beste Kater der Welt!
the blue parrot der blaue Papagei
the toad die Kröte
of course natürlich

Chapter 6 Kapitel 6
Bonfire Night der Fünfte November

Penny for the Guy! Einen Penny für den Guy (Puppe)!
There's your dad. Da ist dein Papa.
Your Guy looks great. Euer Guy sieht wirklich spitze aus!
paper and old clothes Papier und alte Kleider
All right then, here. Also gut, bitte schön.
Your mother sent me here. Deine Mutter hat mich hierher geschickt.
more apples and sugar mehr Äpfel und Zucker
toffee apples kandierte Äpfel
I love … Ich liebe …
bonfire Freudenfeuer
The poor Guy! Der arme Guy!
remember vergiss nicht
the fifth of November den fünften November
gunpowder Schießpulver
treason Verrat
plot Komplott
It's cold out here. Es ist kalt hier draußen.
a cup of tea eine Tasse Tee
with milk and sugar mit Milch und Zucker
Are the toffee apples ready yet? Sind die kandierten Äpfel schon fertig?
light anzünden
sparklers Wunderkerzen
Come with me. Komm mit!
the sausages die Würstchen
baked potatoes gebackene Kartoffeln
baked beans gebackene Bohnen
He's under the bed. Er ist unter dem Bett.
fireworks Feuerwerk
Cats don't like fireworks. Katzen mögen kein Feuerwerk.

Come out, please. Komm bitte raus!
Would you like …? Möchtest du …?
a sausage ein Würstchen
again schon wieder
See you later. Bis später!
Have fun. Viel Spaß!
Don't start without us. Fangt nicht ohne uns an!
Look up at your … Schau hoch zu deinem …
bedroom window Kinderzimmerfenster
What's he doing? Was macht er bloß?
It wasn't me. Ich war's nicht.
It's time for … Es ist Zeit für …
That was so funny! Das war vielleicht witzig!
The sausages were yummy. Die Würstchen waren lecker!
dark red dunkelrot
velvet cushion Samtkissen

Chapter 7 Kapitel 7
Christmas Eve Heiligabend

underneath the mistletoe unterm Mistelzweig
waiting for a kiss auf einen Kuss wartend
Another kiss? Noch einen Kuss?
Okay then. Na schön.
my dear meine Liebe
anyway jedenfalls
I'm hanging up my stocking. Ich hänge meinen Strumpf auf.
I can see that. Das kann ich sehen.
Why have you got two stockings? Warum hast du zwei Strümpfe?
The big stocking is for me. Der große Strumpf ist für mich.
the little stocking der kleine Strumpf
Do cats get Christmas presents, too? Kriegen Katzen auch Weihnachtsgeschenke?
Of course! Natürlich!
Be careful. Sei vorsichtig!
the holly die Stechpalme
the coloured paperchains die bunten Papierketten
Such a lot of Christmas cards! So viele Weihnachtskarten!
the Christmas tree der Weihnachtsbaum
the coloured fairy lights die bunte Lichterkette
the pretty orange cat die hübsche orangefarbene Katze
What is missing? Was fehlt?
the twenty-fourth of December der vierundzwanzigste Dezember
English children englische Kinder
have their Christmas presents … bekommen ihre Weihnachtsgeschenke …
on the twenty-fifth of December. am fünfundzwanzigsten Dezember.
Christmas Day der erste Weihnachtstag
Have you got any mince pies left? Habt ihr noch Weihnachtspasteten übrig?
Ours are all gone. Unsere sind alle.
Yes, I think so. Ja, ich glaube schon.
a real fire ein echtes Feuer (im Kamin)
a story about eine Geschichte über
Father Christmas den Weihnachtsmann
I'll get my book. Ich hole mein Buch.
I'll be right back. Ich komme gleich wieder.
Who is the mince pie for? Für wen ist die Weihnachtspastete?
But don't forget … Aber vergiss nicht …
the carrot die Karotte
won´t want a carrot will sicherlich keine Karotte
Who is …? Wer ist …?
reindeer Rentier
Don't you know anything? Was weißt du eigentlich?
Here are … Hier sind …

Have you got a book? Hast du ein Buch?
Shall I read you the story? Soll ich euch die Geschichte vorlesen?
You can read the story. Du kannst die Geschichte vorlesen.
because it's Christmas Eve weil Heiligabend ist
Are you all sitting comfortably? Sitzt ihr alle bequem?
Good, then I'll begin. Gut, dann fange ich an.
was very sad war sehr traurig
all the other reindeer alle anderen Rentiere
They laughed at his red nose. Sie lachten über seine rote Nase.
They didn't want to play with him. Sie wollten nicht mit ihm spielen.
looked out of his window schaute zum Fenster raus
He saw nothing. Er sah nichts.
It was too foggy. Es war zu neblig.
How shall I take the children their Christmas presents? Wie soll ich den Kindern ihre Weihnachtsgeschenke bringen?
said Father Christmas sagte der Weihnachtsmann
I can't see anything. Ich sehe nichts.
What shall I do? Was soll ich machen?
I can only see ... Ich kann nur ... sehen
that red light over there. das rote Licht da drüben.
came from Rudolph's bed kam von Rudolphs Bett
Your nose is so bright. Deine Nase ist so hell, sie leuchtet so.
Won't you guide my sleigh tonight? Würdest du heute Abend meinen Schlitten führen?
was able to take Christmas presents to all the children konnte allen Kindern Weihnachtsgeschenke bringen
The children were happy to see him. Die Kinder waren glücklich ihn zu sehen.
Rudolph wasn't sad anymore. Rudolph war nicht mehr traurig.
He was very happy. Er war sehr glücklich.
It's carol singers. Das sind die Sternsinger.
The carol singers have come. Die Sternsinger sind gekommen.
It was a lovely afternoon. Das war ein wunderschöner Nachmittag.
you have to du musst
Have you finished your letter? Hast du deinen Brief fertig?
Try to go to sleep. Versuch einzuschlafen!

Chapter 8 Kapitel 8
Christmas Day der erste Weihnachtstag

Wake up. Aufwachen!
sleepy head Schlafmütze
you are du bist
Merry Christmas! Fröhliche Weihnachten!
It's Christmas Day. Es ist der erste Weihnachtstag.
Let's go downstairs. Lass uns runtergehen.
Let's look in the stockings. Lass uns in die Strümpfe schauen.
My feet are cold. Meine Füße sind kalt.
Where are ...? Wo sind ...?
my slippers meine Hausschuhe
Look out of the window. Schau zum Fenster raus!
lots of snow viel Schnee
Wait. Warte!
Now we can go into the living-room. Jetzt können wir ins Wohnzimmer gehen.

Open the door. Mach die Tür auf!
over the fire über dem Kamin
Here you are. Bitte schön!
a clockwork mouse eine Aufziehmaus
the other present das andere Geschenk
It's a lovely collar. Das ist ein schönes Halsband!
red velvet roter Samt
What have you got? Was hast du bekommen?
very nice sehr schön

I hear footsteps. Ich höre Schritte.
Go into the kitchen. Geh in die Küche!
breakfast Frühstück
a pot of tea eine Kanne Tee
orange juice Orangensaft
bacon Schinkenspeck
eggs Eier
toast Toast
Breakfast was hours ago. Das Frühstück ist schon Stunden her!
They're crackers. Das sind Knallbonbons.
You take hold of one end ... Du nimmst ein Ende ...
I'll take hold of the other end ich nehme das andere Ende
and then we pull. und dann ziehen wir.
Ready, steady, pull! Auf die Plätze, fertig, ziehen!
a paper hat ein Papierhut
a joke ein Witz
Put it on. Setz ihn auf!
your grandma deine Oma
roast potatoes Bratkartoffeln
And what about the vegetables? Und was ist mit dem Gemüse?
Brussels sprouts Rosenkohl
parsnips Pastinaken
Can I have a bit more turkey? Kann ich noch ein bisschen Truthahn haben?
He's under the table. Er ist unterm Tisch.
Here's a plate of turkey for you. Hier ist ein Teller Truthahn für dich.
Has everybody got a piece of ...? Hat jeder ein Stück ... bekommen?
Christmas pudding Plumpudding
cream or custard? Sahne oder Vanillesoße?
What is ...? Was ist ...?
both beide
Shall we go fo a walk? Sollen wir einen Spaziergang machen?
No, I know ... Nein, ich weiß ...
Let's build a snowman. Lasst uns einen Schneemann bauen.
Have you got ...? Hast du ...?
your gloves deine Handschuhe
your boots deine Stiefel
your scarf deinen Schal
your hat deine Mütze
What about your grandma? Was ist mit deiner Oma?
She always goes to sleep Sie macht immer einen Mittagsschlaf
after Christmas dinner. nach dem Weihnachtsessen.
Perhaps it was magic. Es war vielleicht Zauberei.
Maybe. Vielleicht, schon möglich.
Papa was very happy. Papa hat sich sehr gefreut.

Chapter 9 Kapitel 9
New Year's Eve Silvester

New Year's Eve Silvester
Come on children. Kommt Kinder!
Coming. Wir kommen!
I just said goodbye to Hamlet. Ich habe nur tschüs zu Hamlet gesagt.
can´t come with us darf nicht mit
very big sehr groß
lots and lots of people viele, viele Leute
go to London kommen nach London
See you next year. Bis nächstes Jahr!
Tomorrow is ... Morgen ist ...
January the first der erste Januar
Hurry up! Beeilt euch!
That was delicious! Das war echt lecker!
What shall we do now? Was machen wir jetzt?
It's only half past ten. Es ist erst halb elf.

Can I have a hot chocolate, please? Kann ich bitte eine heiße Schokolade haben?
I'd like a glass of brandy. Ich möchte ein Glas Brandy.
Brandy for the adults. Brandys für die Erwachsenen.
for the children für die Kinder
Waiter! Herr Ober!
It's really cold. Es ist wirklich kalt.
But I'm not freezing. Ich frier aber nicht.
I'm freezing. Ich friere.
Look, there it is. Schau, dort ist sie!
That is Nelson's column. Das ist die Nelson-Säule.
four black lions vier schwarze Löwen
statues Statuen
fifty-six meters high sechsundfünfzig Meter hoch
Mr. I-know-everything Herr Ich-weiß-alles
What are the lions doing in the middle of London? Was machen die Löwen mitten in London?
guarding schützen
so high up so weit oben
so many people so viele Leute
the fire-eater der Feuerschlucker
The magician is waving to us. Der Zauberer winkt uns zu.
He's got two cats. Er hat zwei Katzen.
That's impossible! Das ist unmöglich!
Good evening, ladies and gentlemen! Guten Abend, meine Damen und Herren!
I've got a present for ... Ich habe ein Geschenk für ...
Take it. Nimm es!
What is it? Was ist es?
He's disappeared. Er ist verschwunden.
It's nearly midnight. Es ist fast Mitternacht.
The countdown is about to start. Der Countdown fängt gleich an.
Happy New Year! Ein glückliches Neues Jahr!
I'll let you in. Ich lass dich rein
my warm winter hat meine warme Wintermütze
a little New Year's Eve present ein kleines Silvestergeschenk
for my favourite girl für mein Lieblingsmädchen
two legs zwei Beine
four legs vier Beine
Did you have a nice evening? Hattet ihr einen schönen Abend?
It's very late. Es ist sehr spät.
But the lions talk so much. Aber die Löwen reden so viel.
They can't talk. Sie können nicht sprechen.
not yet noch nicht
Let's go to sleep now. Lass uns jetzt schlafen!

Chapter 10 Kapitel 10
Goodbye auf Wiedersehen

lots of love from Lena viele liebe Grüße von Lena
My letter is finished. Mein Brief ist fertig.
What are your New Year's resolutions, then? Was sind denn deine guten Vorsätze für das neue Jahr?
What's that in English? Wie heißt das auf Englisch?
means difficult bedeutet schwierig
learn German Deutsch lernen
I want to ... Ich möchte ...
It's my New Year's resolution. Das ist mein guter Vorsatz für das neue Jahr.
If I learn German ... Wenn ich Deutsch lerne ...
then I can visit you in Germany. dann kann ich euch in Deutschland besuchen.
and bring Marmalade, too und auch Marmalade mitbringen
You mean Ophelia. Du meinst Ophelia.
No pets allowed! Haustiere verboten!
no cats keine Katzen
no dogs keine Hunde
no parrots keine Papageien
no rabbits keine Kaninchen
no hamsters keine Hamster
no fish keine Fische
is going to live with us wird bei uns wohnen
What did she say? Was hat sie gesagt?
She'll miss you. Sie wird dich vermissen.
Have you forgotten about the school exchange? Hast du den Schüleraustausch vergessen?
And in July we'll come to Germany. Und im Juli kommen wir nach Deutschland.
I'm looking forward to it. Ich freue mich drauf.
will help me wird mir helfen
Your mum and dad are calling us. Deine Eltern rufen uns.
I'll write you lots of letters. Ich werde dir viele Briefe schreiben.
See you in May. Bis Mai!

Tonaufnahmen: Eimsbütteler Tonstudio, Hamburg
Lena: Emma Haber
Dennis: James Seery
Hamlet: Jens Wendland
Lenas Mutter: Sylvie Nogler
Lenas Vater: Christian Stark
Dennis Mutter: Karen Richardson

Hier findet ihr sofort die Stelle, die ihr hören wollt:

CD

In Sprachen ganz groß rauskommen –

mit Kinderbüchern von Langenscheidt.

Englisch mit Ritter Rost
Der beliebte Kinderbuch-Held jetzt als Englischlehrer.
Buch (48 S.) plus Audio-CD mit 8 tollen Songs
ISBN 3-468-20369-1 · Für Kinder im Grundschulalter

Englisch – keine Hexerei
Zwei kleine Hexen erleben den tollen Hexenalltag in England. Rund 400 englische Wörter lernen Kinder schon beim Zuhören.
Buch (48 S.) plus Hörspiel auf 2 Audio-CDs
ISBN 3-468-20376-4 · Für Vor- und Grundschulalter

Spuk im Hexenhaus
Huckla und Witchy, die Hexen aus „Englisch – keine Hexerei" erleben neue Abenteuer.
Buch (32 S.) plus Hörspiel auf Audio-CD
ISBN 3-468-20372-1 · Für Kinder im Grundschulalter

Französisch – keine Hexerei
Hucklas spannende Abenteuer jetzt auch auf Französisch.
Buch (48 S.) plus Hörspiel auf 2 Audio-CDs
ISBN 3-468-20366-7 · Für Vor- und Grundschulalter

Englisch tierisch leicht: Zebra Toast on Monday
Sarah verwandelt sich jeden Tag in ein anderes Tier – und Kinder lernen dabei „tierisch" leicht Englisch.
Buch (48 S.) plus Audio-CD und Bastelbogen
ISBN 3-468-20378-0 · Für Kinder im Grundschulalter

Weitere Titel aus dem Langenscheidt Kinder-Programm (ohne Abb.):

Mein erster Langenscheidt Englisch
ISBN 3-468-20390-X · Bilderbuch (64 S.)

Mein erster Langenscheidt Französisch
ISBN 3-468-20392-6 · Bilderbuch (64 S.)

Langenscheidt
...weil Sprachen verbinden

www.langenscheidt.de

HAPPY BIRTHDAY